伝道シリーズ 5

中西智海《なかにしちかい》

抄はどんな本か

＊目次＊

蓮如・清沢満之・西田幾多郎

『歎異抄』は、明治時代にいたるまで、ほとんど公開されませんでした。清沢満之《きよざわまんし》が初めてとり上げたということで有名ですが、私は『歎異抄』を最初にとり上げたのは、蓮如上人であると思います。

その証拠に、いま残っている『歎異抄』の写本（原本はない）で、いちばん旧《ふる》くて文章が整っているのは、西本願寺に伝わっている〈蓮如本〉であります。

この蓮如上人の真筆は、いまも西本願寺に所蔵されていますが、その奥書には、蓮如上人ご自身が「右斯聖教者為当流大事聖教也」、つまり『歎異抄』は、浄土真宗にとっていちばん大事なお聖教《しょうぎょう》であると書かれております。

このお聖教というのは、経・論・釈のことで、経というのは悟りを開かれたお釈迦さまが説かれた言葉、論は菩薩の説かれた言葉、釈は高僧の説かれた言葉のことです。

さて、この『歎異抄』に着目した思想家の西田幾多郎《にしだきたろう》先生は、「『碧巌録《へきがんろく》』と『歎異抄』があれば、他の書物はなくても我慢できる」と言われました（『西田幾多郎全集』）。『碧巌録』というのは禅家においては〈宗門第一の書〉、あるいは〈参禅学上における必修の古典〉とも言われておりますが、この『碧巌録』について、西田幾多郎先生は「一般の人々にとっては、決してやさしい禅宗の入門書ではないけれども、文字の底に流れている無限の生命を感じとるだけの力量をもって読むべき書である」と言われております。

この『歎異抄』については、西田幾多郎先生が『碧巌録』についておっしゃったように、文字の底に流れている深い生命の世界をくみとるような読み方をしなければならないのではないかと私は思います。

『歎異抄』が世界的に脚光を浴びたいちばんの出来事は、ロマン・ロラン（一八六六〜一九四四）というフランスのノーベル賞作家が、倉田百三《くらたひゃくぞう》の『出家とその弟子』をとり上げて「現代世界の宗教的作品のなかで、もっとも純真なものの一つである」と推奨したことです。この『出家とその弟子』は『歎異抄』の著者である唯円を主人公にした小説です。

あるいは、哲学者の三木清も、獄中で未完の書『親鸞』を書きましたが、そのなかで『歎異抄』に筆を及ぼしております。さらに、キリスト教からマルキシズムをへて、一燈園にまで入り込んだ亀井勝一郎も、最期のときには、比叡山の一室で『歎異抄』を抱きしめたという逸話が残っております。この亀井勝一郎が、亡くなる五年前、自分で発願するように『歎異抄』を傍《かたわ》らにおいて書いた『生死の思索』という本は、死後、夫人の名前で世に出されております。

作者は唯円房

この『歎異抄』の作者が唯円であることを、『歎異抄』の最初の研究者で江戸時代の三河の学問僧、妙音院了祥《りょうしょう》は、どういうことからそう言い当てたか。第九章に「親鸞もこの不審ありつるに、唯円房おなじこころにてありけり」と〝唯円房〟という名前が出ており、それから、第十三章にも「唯円房はわがいふことをば信ずるか」と、〝唯円房〟の名前が出ております。

また、文章全体の流れも「ここに親鸞さまがおられて、向こうに唯円さまがおられた」というふうな、二人の対談の内容を、側《そば》にいた第三者が書き留めたというようなものではありません。たとえば、覚如上人の『口伝鈔《くでんしょう》』という書物などと比較してみても、『歎異抄』の記録の主体が〝わたし〟と〝あなた〟の二人称であって、第三者が書き留めたものではないということがよくわかります。

そういうことから「『歎異抄』の著者が唯円房であることは、本文中における、『唯円房』という親鸞聖人の呼びかけによって明らかである」と了祥が言い切っておられるのです。親鸞聖人の有名な弟子を並べてある名簿にさえ出てこない、小さな何の野望もたない弟子、一室の行者《ぎょうじゃ》に過ぎない唯円房が、その耳の底に止めていた親鸞聖人からじかに聞いた言葉の数々を記《しる》した本である、というわけであります。

この『歎異抄』は、全部で十八章ありますが、初めの十章は、親鸞聖人ご自身の言葉を並べてありますので、師訓篇《しくんへん》とか語録篇と呼ばれております。

そして、第十一章から第十八章までは、その前の十章をモノサシにしながら、異なることを歎《なげ》いたということで歎異篇《たんにへん》、最後のほうは、唯円房の心持ちを述べたところの述懐篇《じゅっかいへん》ということができるだろうと思います。

それから、『歎異抄』の〝歎〟という文字は、哀傷とか哀愁などの意味ではなく、また「異なることを、破る、斥《しりぞ》ける、弾《はじ》き返す」という意味ではありません。〈異なる〉というとき、ふつうは「お前は落第」と、外側に弾《はじ》き出して終わりとしがちです。ところが、この『歎異抄』の〝歎〟には、「真実へのひるがえりを願ってやまない」という深い願いが隠《かく》れております。『歎異抄』でいう〈異なる〉というのは、異なるものが河の向こう側にあって、バサッバサッと批判だけして終わるような、そんな浅い言葉ではありません。

さらに言えば、人さまの側だけではなく、わが身の内側にも問題となるべき〈異〉がひそんでいるのです。「歎異」には、そこに気づいた者の悲しみがこめられています。それは捨てる論理ではなく、いつの日にか真実の世界にひるがえりたいと願いながら、お互いに育ち合っていこうという心で言葉が紡《つむ》がれているのです。このような『歎異抄』の心は、今日の世界においても、大きな意義があるのではないかと思います。

さて、了祥の研究によって〈『歎異抄』の作者は間違いなく唯円房である〉とされました。そうすると「なづけて『歎異抄』といふべし」と結んだのは、唯円房本人の言葉だということになりますが、「私（唯円）が書いた」とは、どこにも記してありません。どこにも作者の名前が書いてないので、『歎異抄』を研究する人びとは、いろんな仮説を立てましたが、「『歎異抄』は作者不詳の書である」という言い方は、これは明らかに間違っているのでして、あえて言うなら「『歎異抄』は無記名の書である」というのが正しいと思います。

もっと言えば『歎異抄』というのは「私が書いた」などと言う必要のない書物なのであります。唯円房は、世代が移り、親鸞聖人の言葉が間違って伝わっていることをただただ深く悲しんで書いたにちがいないのです。ですからそこに「私が書いた」などと記す必要はなかったのでしょう。

近代思想をこえる仏教

そこでつぎに、今日という情況のなかで『歎異抄』が与えてくれる心の深みの一端を、皆さんと一緒に味わってみたいと思います。

その一つは、今日の考え方でいちばん気になるのは、〈自分のこと、自分の身の周《まわ》りのことばかりしか考えられない〉人が多いという現実です。

たとえば、電車に乗っていると、中学生の集団がドドッと乗り込んできて、座席を片っ端から占領して「席を取ったよ。みんな坐って……」と喚《わめ》きたてます。これは、自分と自分の身の周《まわ》りの仲間たちのためです。そこへ、腰を曲げたお年寄りが乗り込んできても、杖《つえ》をついたおじいちゃんが乗り込んできても、素知《そし》らぬ顔で、誰一人として立ち上がって、座席を譲ろうとはいたしません。

これを「自我中心性」と言うのですが、トインビー（一八八九〜一九七五）というイギリスの歴史家は「近代の科学技術の発展は、われわれの生活を豊かにしたが、さまざまな問題をも引きおこした近代思想のいちばんの問題点は、自我中心性である」と言っております。

仏教というのは「自我を否定して真の自己が成立する世界」、言いかえれば「我へのとらわれを否定して主体性を明らかにする」教えであります。したがって「己《おのれ》の本能と己の欲望を満足させる生活が幸せである」というものの考え方は、正しい仏教の視点から、いまこそ見直していかなければならないと思うのであります。

世の中には「中世の神の時代を乗り越えて、ようやく近代で人間の時代を迎えたのに、いまさら何を言うのか。時代錯誤《さくご》だ」といって、お叱《しか》りになる方があるかもしれませんが、私はあえて「近代思想による合理的なものの見方の浸透と、科学技術の発展はすばらしかったが、それによってむきだしになった自我中心性は、現代社会が抱える最大の問題点である」と言いたいわけです。

かつて私が勤めていた相愛大学には、高校と中学が併設されていて『日々の糧《かて》』(法藏館)という小さいパンフレットを生徒に与えておりましたが、このなかの一節に、「夏になると〈冬が好《い》い〉と言い、冬になると〈夏が好い〉と言う。狭い家に住むと〈広い家が羨《うらや》ましい〉と言い、広い家に住めば〈こじんまりとした小さな家が好い〉と言う。独身時代には〈早く結婚したい〉と言い、結婚すると〈独身時代が気楽だった〉と言う。これでは、どこにも幸福はあるまい」と書いてありました。

このように、人間というのは、自分の思い通りに外の条件がぴったり合ったら機嫌がいいのですが、思うようにならなければ愚痴《ぐち》っぽくなります。そこには〈自分の思いを変える〉という内側を向いた発想はぜんぜんなくて、外側だけを変えて〈自分の望みをかなえてほしい〉と思うわけで、これを仏教では外道《げどう》と言っております。

たとえば、繁華街などで、易者《えきしゃ》が机の上に提灯《ちょうちん》を置き、その前に坐り「あなたの手相を観《み》てあげます」と言って、何がしかの見料《けんりょう》を取っておりますが、女子学生の中には「レクリエーション代わりに観てもらったことがあるわ」と言う者もおります。それに対して、私は「手相を観て〈今日、家に帰ったら、お仏壇に手を合わせて、自分をしっかり見つめなさい〉と言ってくれた易者がいるか」と言ったわけですが、「自己の内側を観なさい」と教えてくれる易者はいないわけです。なぜかといえば道がちがうのです。外道ですから。

仏さまの教えは外道の反対の内道、〈目覚《めざ》めの道〉です。もっと言えば、自我意識に埋没している自己を変革すること、自我中心の発想をひっくり返すことを教えるものです。「己《おのれ》の思いを変えることなく、外を変えれば幸せだ」と考えているかぎりは、悪いのはみんな外側ですから、どこまでいっても文句ばかりが出ます。「人生がうまくいかないのは、時代が悪い、社会が悪い、先祖が悪い、両親が悪い、学校が悪い」ということになります。

しかし、この世界で確かな思想とか宗教というものは、必ず自己を問題にします。ギリシアの哲人ソクラテスは「汝《なんじ》自身を知れ」と説いておりますし、東洋では『大無量寿経』に「汝まさに知るべし」とあり、道元禅師は「仏道を習ふといふは自己を習ふなり。自己を習ふといふは自己を忘るるなり」と説かれております。

もっとわかりやすく言えば、自分をごまかさない心を養わせていただくこと、ありのままを観る目を養わせていただくことが大事です。要するに、近代思想の盲点である「自分と自分の周りのために」という自我中心の発想を見直さないかぎり、二十一世紀の幸せはあり得ません。

地獄の思想

哲学者の梅原猛《うめはらたけし》さんが書かれた著書に『地獄の思想』がありますが、それを垣間見《かいま》た若者は「この時代に地獄・極楽の話でもあるまい。おばあちゃんから聞いた赤鬼・青鬼の話か」と言って笑っておりましたが、買ってページを繰ってみたら、赤鬼・青鬼の解説書ではありませんでした。

近代人よ、うぬぼれるな。反省する気もない自我中心のわれわれに、なぜ仏教は地獄を説かねばならなかったかを問え！

これが、梅原猛さんのメッセージであり、この著書を、若い学生たちは一生懸命に読みました。いったいなぜ、仏教は地獄を説いて、人間の覗《のぞ》きたくもない煩悩《ぼんのう》と、宗教的罪《つみ》について説いたのでしょうか。「欲望だけでしか動くことのできない自我中心性の生き方を、この辺《あた》りで見つめ直そうじゃないか」と語りかけたのが、この『地獄の思想』ではないかと私は思うのです。

自分自身の欲望を満たすために「邪魔者《じゃまもの》は抹殺《まっさつ》せよ。役立たなくなったら捨てろ」という自我中心の生き方、そのはてが、地球環境問題であったり、ナイフを使った殺傷事件であったり、ロッカーの中へ赤子を捨てた事件であったりするわけです。

いまや私たちは、この生き方を見直していく智恵を学ばなければならない。

四人の子どもを残して、ガンで亡くなった北海道の鈴木章子《あやこ》さんは、たくさんの言葉を残しておられますが、その中の一つに、「幸福」という題の

しあわせって／欲ばりすぎると／にげてしまうのですね／追いかけて／自分でつかむものと／思っていましたのに…／しあわせって／いただくものでしたのね／少しずついただいて／少しずつわけあうことが／たいせつなことだったのですね

という詩がありますが、幸福感を味わうのは、私自身の問題だということです。

宗教的罪悪

私たちは戦後、いろんな倫理について学びました。「明るく、強く、正しく、生きよう」というスローガンは、戦後の暗い時代には力強いメッセージだったかも知れませんが、人間というのは、そんな一面的な呼びかけで、ひっくり返らない人生が過ごせるわけではなさそうです。

いま光明を見い出したと思ったつぎの瞬間に、予想もしない暗闇《くらやみ》に埋没するのが人生です。そのように計算もできない逆縁《ぎゃくえん》の中につまずいていく、私たちの悩み多き現実ですが、「自分は罪深い人間だ」とは、誰も言いません。

このような現世において、もっとも偽《いつわ》りのない心境を述べたのが『歎異抄』に留められた親鸞聖人の言葉ではないでしょうか。

あるとき、私は亀井勝一郎さんと話をしました。そのなかで『歎異抄』第十三章の「さるべき業縁《ごうえん》のもよほさば、いかなるふるまひもすべし」という言葉について、亀井勝一郎さんは、「世界にはたくさんの思想家や宗教家がおられますが、この親鸞聖人の言葉ほど、人間の危機性と激変性、すなわち一瞬のうちに変わり果ててしまう愚かさを明らかにしたものはありません。いま理性的かと思ったら、つぎの瞬間、野獣にも劣りかねない人間の危機性と激変性を、これほどまでに偽らなかった言葉はありません」と話してくれました。人間というのは、本当に危《あや》うい存在で、いま何かを考えたら、つぎの瞬間にはまったく逆のことを考えてしまうのであります。

このようにえげつない己を、影《かげ》は影としてごまかさない『歎異抄』における親鸞聖人の言葉の数々。それは、光に当たったがゆえに、障子に映った些細《ささい》なゴミさえもごまかせなくなった人の言葉です。

日頃涼《すず》しい顔をしている私でも、縁《えん》によっては何をするかわからない。このような己の実態で、はたして、ごまかさない自分を持ち得るのかどうか。

『歎異抄』には、親鸞聖人のいろんな哲学的な言葉が見えますが、それは、明るい楽観的人生観とは正反対の言葉ばかりです。それでは、楽観的人生観でないなら、逆の悲観的人生観かというと、そんなことはなくて〝悲観〟と〝悲歎〟は大違いでして、「人生の悲観を悲観すべきものと説くのは宗教ではありません。はっきり言えば、「人生の悲観と歴史の終末だけを説くものは宗教ではない。煩悩と罪悪に悩む、人間の悲歎のどん底に光を当て、救いを説くものが宗教である」ということです。

『歎異抄』には、「罪悪深重《ざいあくじんじゅう》・煩悩熾盛《ぼんのうしじょう》の衆生……」（第一章）、あるいは、「煩悩具足《ぼんのうぐそく》のわれらは……」（第三章）という言葉が見えますが、これは「煩悩と罪悪から離れられない私たち……」という意味で、決して悲観的人生観を意味する言葉ではありません。

では、宗教的罪悪感、地獄の思想というのは、いったいどういうものなのでしょうか。たとえば、ご飯を食べるとき「いただきます」と言ってから、箸《はし》を手に取りますが、いったい、皆さんは何をいただかれるのですか。

仏さまから見れば、あらゆる生き物は、すべて平等ですから「平等の存在である数々の命をいただいて、今日も命をつながせていただく私でございます」と、大いなるみ仏にみられながら、もう一つの命であるお米を食べ、野菜を食べ、焼魚を食べているわけです。牛を殺して食べても、鶏《にわとり》を殺して食べても、海の魚、河の魚を食べても、まして野菜や果物を食べても、「罪を犯《おか》した悪い奴だ」とは、誰も言いません。

しかしながら、仏さまから見れば、あらゆる命に隔《へだ》てはなく、穀物《こくもつ》には穀物の命が、野菜には野菜の命が、牛には牛の命が、鶏には鶏の命があって、みんな尊いわけです。如来の大悲に落ちこぼれはありません。如来の大悲に棄《す》てるものはありません。その平等の命に、私たちは手を合わせて「いただきます」と言っていただくわけです。その心はいまどこへ行ったのでしょうか。

宗教的罪悪に時効はなくて、ほかの命を奪った者は、本来なら、逆《さか》さまに吊《つる》されてハンマーで殴《なぐ》られ、煮立った油の中に投げ込まれても、何の文句も言えません。

仏さまから見たら、すべて、花は花であることが美しい。売れようが売れまいが、花は花であることが美しい。あなたにはあなたの輝きがあるわけです。そして、罪悪深重・煩悩熾盛の私を、み仏の智慧《ちえ》によって照らし出しながら、慈悲《じひ》によって決して棄てないで、慈悲によってごまかしのない自分に蘇《よみがえ》らせてくださるのです。それによって私のえげつなさが照らし出され、見破られる。そのように自他一如《じたいちにょ》の智慧によって照らしてくださる。親が子どもを棄てることのないように、如来の大悲には棄てるものがないのです。

『歎異抄』において、底なしの煩悩を告白した親鸞聖人ですが、不安とか懼《おそ》れとか慄《おのの》きの言葉は、一つとして見当りません。あれだけ、悪を強調し罪を語った親鸞聖人の言葉に、不安と懼れと慄きがないのはなぜでしょうか。

それは、罪深い私に、如来の摂取不捨《せっしゅふしゃ》の大悲がふりそそいでいるのを感じていらっしゃったからです。私を離されないみ仏の大悲によって、絶望のない人生をいただいて、最後は生きることも死ぬことも解決できる「仏になる道」を生きられたからです。仏さまは、迷いの来世へ行く道を教えたのではなくて、私たちの命は永遠の悟りに埋めつくされていると叫んでくださっているのだ、と親鸞聖人は如来の大悲を教えてくださっているのです。

みんなが行く浄土

第九章に「仏かねてしろしめして、煩悩具足の凡夫と仰《おお》せられたることなれば、他力の悲願《ひがん》はかくのごとし、われらがためなりけりとしられて、いよいよたのもしくおぼゆるなり」という言葉があります。『歎異抄』のなかには、いろいろな逆説的なひびきの言葉がありますが、私はここのところが、非常に大事だと思います。

たとえば「仏かねてしろしめして」というのは、自分が気づくその前の前から、仏のほうがはるかな過去から、自分のことを知り尽くしていらっしゃるという意味です。あるいは『歎異抄』のなかには〝われら〟という言葉がよく出てきますが、「自分が行《ぎょう》をして、自分が悟りを開く」というのは、「小乗仏教の阿羅漢《あらかん》の悟り」と言っております。なぜかというと、自利の行のみの悟りだからです。

ところが、菩薩の心は〝自利利他《じりりた》〟で、自分さえ悟ったらいいというのではなくて、みんなが悟りを開くことが大事だとするわけです。自分が行く浄土は、自分が独《ひと》り占めする浄土ではない。みんなが目覚めて、みんなが行く浄土です。

私の恩師は、この浄土について「自分独《ひと》りで悟るなら、浄土という説き方をする必要はなかった。みんなで行かなければならないというように、救いの社会性まで説いたのが、浄土の教えである」とおっしゃっていましたが、まさに人生の巡《めぐ》り会いというか、私たちが再び出会える世界、それが浄土であるわけです。

それは、目覚めた命と目覚めた命の出会いの世界であり、悟りの世界であり、自利利他の完成を意味しているのです。〈浄土へみんなで行こう〉という思想は、言いかえれば〈すべてのものを棄てない〉という思想でもあります。

弥陀の本願は、十方世界（十方に無数に存在する世界）の衆生を目覚めさせねばやまないという宏遠なる願いです。それに目を覚まさせよう、老少善悪の人を選ばず、すべての人の心をひるがえしひるがえしていこう、そういう大きなうねりとなって私たちを包んでいるのです。

このように仏さまの教えは、十方衆生を棄てられないばかりに、南無阿弥陀仏という、三歳の幼児・子どもでも称《とな》えられるものに展開してきたのです。

つまり、すべてのものを捨て切れないばかりにこのような道をひらかれたのです。そのお蔭《かげ》で三つの子どもが「かあちゃん！」と一声高く叫ぶように、だれでもが如来の説かれる無限の智慧・慈悲をいただき、み名を称えることができるのです。そういう人間になることが大事だというわけです。

✢大悲に目覚めた世界

私は、親鸞聖人のご和讃を読むときも、蓮如上人の『御文章《ごぶんしょう》』(『御文《おふみ》』)を読むときも、いつも柱にするのは、如来の大悲には棄てるものがないということです。そのことに、自身が目覚めて生きるということが大切なのであります。

世の中には幸せという文字がありますが、「目覚めて生きることこそ幸せである」と教えた仏教を、わが身が独《ひと》り占めしてはならない。こんなえげつない自分をもひるがえす教えであると気づくとき、わが身を離れた言葉は一つもないわけですが、それは同時にすべての大衆のものでなければなりません。

みんなに目覚めの道を教えていく。お互いに、煩悩具足の〝われら〟が、その〝われら〟を棄て切れない大悲にひるがえされていく。そして「いよいよ頼もしく覚えるなり」とうなずかされるのであります。わが身を知らされれば「悲しきかな」、仰《あお》いで見れば「まことなるかな」、うなずけば「慶《よろこ》ばしきかな」となるのであります。
仏道というのは、自身の心のひるがえりが大事で、念仏の行者《ぎょうじゃ》というのは、その道を歩み行く者であります。こんなえげつない私自身でも、目覚めた命の完成された姿は、仏と言いうるわけです。

仏教の問答に、「仏さまはどこにいる」、「お前が成ってみたらわかる」というのがあります。この「成ってみたら」という言葉のなかには、「心を尽くし、体を尽くして、変わっていく」という意味が含まれており、言いかえれば、こんなにえげつない私自身でも育てられていくというわけです。

さて、皆さんもお気づきだと思いますが、どこの誰からお話を聞かせていただいても、最後は仏の大悲によって〝われら〟が、本当に目覚めさせられて行く、そういう世界があるということです。

その如来の大悲に目覚めた世界には、断絶という言葉はありえないのであります。

今日は親子の断絶とか世代の断絶とか騒《さわ》がれていますが、断絶というのは二元論の世界の出来事で、これではどうにもならないわけです。此岸と彼岸という考え方は二元論のようにみえるかもしれませんが、決してそうではありません。

なぜかというと、この相対の力は無限大に掛け算しても絶対とは言えないからです。反対に絶対というのは、いかなる相対をも包みますから絶対で、煩悩にみちた相対の力を積み重ねている自分自身にとっては、それのかなた、つまり、彼岸であるわけです。ですから、自分自身から見たら、絶対の力は彼岸であって、極楽は十万億土のかなたにしかないのであります。

ところで、「お浄土の光は無量光明土……」という親鸞聖人の和讃がありますが、ただいまこの場所にも、疑いようのない無碍《むげ》（とらわれがなく、自由自在なこと）の光明がはたらいております。それは、現在ただいまだけではなくて、時間的には三世一貫、昨日も、今日も、明日も、すなわち過去、現在、未来の三世を貫いて働きづめです。空間的には十方と説かれているように、広さ深さは限りがありません。いつでも、どこでも働き通しの世界です。ですからこれは死んでからの話ではありません。

⚘浄土は空っぽじゃ

さて、今日は、先にお話したように〈自分のことしか考えない人〉がたいへん多いといえるわけで、これを私は、仮に一人称的発想と呼んでおります。

自分と自分の身の周りのことしか考えないで、そのあげく、「他の人のことは関係ない」というのです。ちょっと注意をすると「わかっている、放《ほ》っといて……」と無関心を装《よそお》う。私はこんな言葉を耳にすると、寒気がします。

順縁もあれば逆縁もあるこの世界で〈関係ない〉とは何事か。〝縁〟ということがわからないことは悲しいことです。

道を歩いていて、誰かに出会う。「ここで出会えたのは、ご縁ですね」と声を掛ける。ときには「この結婚式は、良縁でしたな」とお祝いを言うこともあるでしょう。仏教学者の鈴木《すずき》大拙《だいせつ》は、九十歳を超えてから世界を巡歴されて人びとに縁を説かれたのです。

この日本語の〝縁〟という言葉を直訳できる、単語としての英語もドイツ語もフランス語もないということで、その意味を、鈴木大拙さんは、外国で説明して歩かれたのです。最後にアメリカへ行って、大学院の博士課程の学生たちを前に「アメリカで〝縁〟という思想が根づくには、二百年くらいはかかろうかのう」と断言されたというのです。そして、外国旅行から帰られた九十二歳の鈴木大拙さんは、京都で講演をされたとき、「世界を回って〝縁〟の話をしてきたが、最後には親鸞聖人の『教行《きょうぎょう》信証《しんしょう》』を英訳して、死にたいと思っている」とお話になりました。

その理由は、「仏教というのは、解脱《げだつ》ということで、束縛《そくばく》の世界からの脱出ばかりを教えている。さもなければ、この世は苦しいから、極楽とやらへ生まれ変わろうと教えている。要するに、現実からの離脱だけを教えているが、この世の歴史と命を変革する論理はないのか」――これが、キリスト教関係者が鈴木大拙さんに浴びせた仏教への批判だったわけです。これに対して、鈴木大拙さんは「私が『教行信証』を英訳しておかなければ、世界の人びとは仏教、浄土の教えを間違って受け取る」と考えたわけです。

たとえば、親鸞聖人は「お浄土へ行かせていただくだけではなく、浄土から還《かえ》らせてもらう」とおっしゃっています。この話に関連して、鈴木大拙さんは、「お浄土はいま空《から》っぽじゃ」と言っておられます。これは、浄土へ行く者がいないということではなくて、「本当に目覚めて悟った人は、お浄土にじっとしてはいない。みんな働きに出ている。だから、お浄土はいま空っぽじゃ」というわけです。

これを言いかえれば「涅《ね》槃《はん》の世界へ行ったら、自我中心の思いはゼロになって、大慈大悲の心が一〇〇パーセントにふくらんできます。そのような人は動き通しで、いま働きに出ているので、お浄土は空っぽです」というわけです。「この教えを世界の人びとに正しく伝えたい」と、九十歳を超えた鈴木大拙さんは、世界中を飛び歩き、あるいは『教行信証』の英訳を志《こころざ》されたのであります。

宗教の言葉というのは、非常に難しいのですが、熟《う》れた言葉は身に響くものです。「お浄土はいま空っぽじゃ」――こういう受け止め方は、私たちの心を奮《ふる》い起《た》たせてくれます。どのような死に方をしようが、その姿や形が問題ではなくなってくるわけです。

「仏の大慈大悲にお任せして生きていったら、必ずお浄土と説かれる真実の世界に往き生まれることができますよ」というたしかな呼びかけのなかに、わが命を据える。第二章で、「親鸞におきては、ただ念仏して弥陀《みだ》にたすけられまゐらすべしと、よきひとの仰《おお》せをかぶりて信ずるほかに別の子細なきなり」という言葉にそれは出ています。これは、単なる鎌倉時代の古い言葉ではありません。

「たとひ法然上人にすかされまゐらせて、念仏して地獄におちたりとも、さらに後悔すべからず候《そうろ》ふ」と、法然上人の教えを信じて、弥陀の誓願、弘誓《ぐぜい》の仏地にたった親鸞は、たとい地獄へ落ちても後悔はしないというのです。

弥陀の誓願を信じて、念仏を称えることができたならば、つぎの瞬間には、地獄であろうが、娑婆《しゃば》であろうが、極楽であろうが、「念仏のなかの出来事である」と言えるのであります。そのような宗教的な生命の世界を、私は今日という時代のなかで考えるのであります。

『日本一短い家族への手紙』という本がありました。これは福井県丸岡町の町起こし事業の一貫として提起されたものですが、その中の一つに「ガンで亡くなった夫への手紙」というのがあります。

辛《つら》い転移より／残す私を案じてくれた／あなた、ありがとう／風呂で泣きました

ガンになって、身体のいろんなところへガン細胞が転移したら、たいへん辛い日々

が続きます。「ガンとの闘病の日々は、どんなにか辛かったことでしょうね。その辛さをさておいて、後に残る私の身を案じてくれたあなた。ありがとう」という意味の手紙です。

ここに今は亡き人との「真向き」のいのちがあります。私はこの真向きのいのちということが大切だと思っています。

これは『歎異抄』の親鸞聖人と唯円房と同じように、〝我《われ》〟と〝汝《なんじ》〟が真向きになっての、〝わたし〟と〝あなた〟が真向きになっての、中に入る隙間《すきま》もない関係ではないでしょうか。以上は人間と人間のことを言いましたが、最終的には仏と私の真向きの対面を思わずにはおられません。

善導《ぜんどう》大師（中国の唐代の人）の『観経疏《かんぎょうしょ》』の「汝、一心正念にして直《ただ》ちに来《きた》れ、我よく汝を護《まも》らん」がこれであります。

これが念仏の世界の真向きになった姿であろうと思うのであります。

中西智海（なかにし　ちかい）
1934年富山県に生まれる。龍谷大学大学院博士課程修了。前相愛大学学長。現在、中央仏教学院院長。
著書に『親鸞教学入門』『親鸞聖人と浄土真宗』（永田文昌堂）『真宗法語のこころ』（本願寺出版社）などがある。

歎異抄はどんな本か
伝道シリーズ 5

2001年4月 8 日　初版第1刷発行
2003年1月10日　初版第2刷発行

著者——中西智海
発行者——西村七兵衛
発行所——株式会社法藏館
600-8153
京都市下京区正面通烏丸東入
電話　075-343-5656
振替　01070-3-2743

印刷・製本——リコーアート

乱丁・落丁本の場合はお取り替え致します
ISBN4-8318-2165-9　C0015